BEI GRIN MACHT SICH IHR WISSEN BEZAHLT

AF145520

- Wir veröffentlichen Ihre Hausarbeit,
  Bachelor- und Masterarbeit

- Ihr eigenes eBook und Buch -
  weltweit in allen wichtigen Shops

- Verdienen Sie an jedem Verkauf

Jetzt bei www.GRIN.com hochladen und kostenlos publizieren

Felicia Volle

Aus der Reihe: e-fellows.net stipendiaten-wissen

e-fellows.net (Hrsg.)

Band 1469

Darstellung der Person Marie Antoinettes im Spielfilm von Sofia Coppola

GRIN Verlag

Bibliografische Information der Deutschen Nationalbibliothek:

Die Deutsche Bibliothek verzeichnet diese Publikation in der Deutschen National-
bibliografie; detaillierte bibliografische Daten sind im Internet über http://dnb.d-
nb.de/ abrufbar.

Dieses Werk sowie alle darin enthaltenen einzelnen Beiträge und Abbildungen
sind urheberrechtlich geschützt. Jede Verwertung, die nicht ausdrücklich vom
Urheberrechtsschutz zugelassen ist, bedarf der vorherigen Zustimmung des Verla-
ges. Das gilt insbesondere für Vervielfältigungen, Bearbeitungen, Übersetzungen,
Mikroverfilmungen, Auswertungen durch Datenbanken und für die Einspeicherung
und Verarbeitung in elektronische Systeme. Alle Rechte, auch die des auszugsweisen
Nachdrucks, der fotomechanischen Wiedergabe (einschließlich Mikrokopie) sowie
der Auswertung durch Datenbanken oder ähnliche Einrichtungen, vorbehalten.

Impressum:

Copyright © 2013 GRIN Verlag, Open Publishing GmbH
Druck und Bindung: Books on Demand GmbH, Norderstedt Germany
ISBN: 978-3-668-01305-6

Dieses Buch bei GRIN:

http://www.grin.com/de/e-book/302088/darstellung-der-person-marie-antoinettes-
im-spielfilm-von-sofia-coppola

GRIN - Your knowledge has value

Der GRIN Verlag publiziert seit 1998 wissenschaftliche Arbeiten von Studenten, Hochschullehrern und anderen Akademikern als eBook und gedrucktes Buch. Die Verlagswebsite www.grin.com ist die ideale Plattform zur Veröffentlichung von Hausarbeiten, Abschlussarbeiten, wissenschaftlichen Aufsätzen, Dissertationen und Fachbüchern.

Besuchen Sie uns im Internet:

http://www.grin.com/

http://www.facebook.com/grincom

http://www.twitter.com/grin_com

Seminararbeit

Seminarkurs "Geschichtsrezeption im Spielfilm"

Darstellung der Person Marie Antoinettes
im Spielfilm von Sofia Coppola

vorgelegt von: Felicia Volle

Abgabedatum: 17. Mai 2013

Inhaltsverzeichnis

1. Einführung

Eine der geschichtlich faszinierendsten Persönlichkeiten ist die Person Marie Antoinettes. War sie es doch, welche mit ihrem Charme die Herzen des Volkes eroberte. Eine Königin, welche Vergnügungen wie Bälle oder Feste nicht widerstehen konnte. Zudem war sie das „Topmodel" der damaligen Zeit. So war es doch dieser Lebensstil, der ihr gleichzeitig neben der Bewunderung auch ihren Tod unter der Guillotine eintrug. Wie muss ein Charakter geschaffen sein, dass er so einen Umschwung von Liebe in Hass auszulösen vermag? Welche Vorfälle muss es gegeben haben, dass das Volk den Tod ihrer zuvor geliebten Königin fordert? Die Beantwortung dieser Fragen widmet sich die Drehbuchautorin und Regisseurin Sofia Coppola des Filmes „Marie Antoinette", beruhend auf der Biographie von Antonia Fraser. Doch ist die filmische Interpretation der historischen Person Marie Antoinettes wirklichkeitsgetreu? Setzte Sofia Coppola bei der Darstellung Marie Antoinettes einen Schwerpunkt auf die Dokumentation der geschichtlichen Ereignisse in ihrem Leben oder auf die Präsentation ihrer Charakterzüge?

Um diesen Fragen auf den Grund zu gehen, ist die Arbeit strukturiert in einen zunächst zum Film informierenden Teil. Daraufhin werden die Stationen in Marie Antoinettes Leben kurz skizziert und quantitativ bewertet. Der Schwerpunkt dieser Arbeit liegt jedoch auf den Charakterzügen Marie Antoinettes. Bei jedem Untersuchungsaspekt über den Charakter werden zuerst die historische Person Marie Antoinettes und dann die Darstellung im Film auf den jeweiligen Aspekt hin untersucht.

2. Informationen zum Film „Marie Antoinette"

Für den Film „Marie Antoinette", dessen Premiere am 24.Mai 2006 stattfand, leitete Sofia Coppola, die Oscargewinnerin für das beste Drehbuch[1] mit dem Film „Lost in Translation" (2003), die Regie und schrieb das Drehbuch.[2] Ein Jahr später gewann Milena Canonero einen Oscar mit diesem Film für die besten Kostüme[3]. Der Film besitzt eine Lauflänge von 123 Minuten. Gedreht wurde er von den Produzenten Sofia Coppola und Ross Katz, unterstützt von der Zusammenarbeit von Princel, Columbia Pictures und Tohokushinsha. Die Protagonistin spielt Schauspielerin Kirsten Dunst. Jason Schwartzmann findet sich in der Rolle des Ludwig XVI. wieder.

3. Verlauf des Lebens Marie Antoinettes

3.1 Biographische Fakten

Maria Antonia wird am 2. November 1755 als fünfzehntes von *„sechzehn Kindern"* der österreichischen Kaiserin Maria Theresia und Franz Stephan von Lothringen geboren, *„von denen zehn [der Kinder] das Erwachsenenalter erreichen"*[4]. Maria Antonia ist Franz Stephans *„Liebling"* [5]. Als dieser stirbt, ist Maria Antonia gerade einmal 9 Jahre alt. [6] Eine brillante Partie arrangiert Maria Theresia mit der Vermählung von ihrer Tochter Maria Antonia mit Louis Auguste, dem Enkel von König Ludwig XV. [7] Prägend für Marie Antoinettes Charakter ist die Vorbereitungszeit für das Leben am Hof von Versailles. Maria Theresia lässt die werdende Dauphine, was so viel wie Thronfolgerin bedeutet, Opern, Ballettabende, Bälle sowie den Spieltisch des Hofes besuchen. [8] Außerdem wird ein Lehrer angestellt, um ihren Bildungsstand

---

[1] Vgl. Granec, Laurence & Ménard, Karine. *Marie Antoinette*. (Presseinforation mit Interview von Sofia Coppola zur Filmpremiere am 24.Mai 2006). [http://www.festival-cannes.fr/assets/Image/Direct/016496.pdf, abgerufen am 24.03.13] S.8
[2] Vgl. Granec, Laurence & Ménard, Karine. *Marie Antoinette*. S.1
[3] Vgl. Coppola, Sofia [Regie]/ Coppola, Sofia & Katz, Ross & Coppola, Francis Ford [Produktion]. *Marie Antoinette*. DVD, 123 Min., USA : Columbia Pictures, 2006. Filmcover
[4] Haslip, Joan. *Marie Antoinette. Ein tragisches Leben in stürmischer Zeit*. München: Piper, 1998. S.12
[5] Fraser, Antonia. *Marie Antoinette. Biographie*. München: Deutsche Verlags Anstalt, 2006. S.19
[6] Vgl. Fraser, Antonia. *Marie Antoinette. Biographie*. S.19
[7] Vgl. Sievers, Sara: „Die letzten Tage von Marie Antoinette". In: P.M. History 2012, H.10 S.14-25. S.16
[8] Vgl. Cronin, Vincent. *Ludwig XVI und Marie Antoinette. Eine Biographie*. Hildesheim: Claassen, 1993. S.55

aufzubessern. [1] Zur Verbesserung Maria Antonias Erscheinungsbild wird ein Zahnarzt und ein Friseur aus Paris herbestellt.

Die Reise der 14-Jährigen nach Versailles beinhaltet eine so genannte symbolische Übergabe der österreichischen Maria Antonia an den französischen Hof. Bei diesem *„symbolische[n] Ritual"*[2] muss die Dauphine ihre gesamte Kleidung sowie alle Andenken an ihre alte Heimat zurücklassen. Sogar ihr Name wird geändert von Maria Antonia auf Marie Antoinette. Am 16. Mai 1770 werden Ludwig Auguste und Marie Antoinette vermählt. Vollzogen wird die Ehe erst sieben Jahre später, wodurch die Ehe lange Zeit annullierbar bleibt. [3] An den Höfen in ganz Europa wird über die nicht vollzogene Ehe gespottet. [4]

Das Volk aber liebt das Thronfolgerpaar aufgrund ihrer Großzügigkeit. Diese zeigt sich zum Beispiel darin, dass Marie Antoinette den Wiederaufbau des abgebrannten Hospitals aus ihrer Privatschatulle zahlt. So säumen bei ihrem Besuch in Paris *„hunderttausende Menschen die Straßen, Blüten fliegen in die Luft, überall erklingen Hurra-Rufe"*[5]. Zum Jubel des Volkes übernimmt Louis Auguste im Jahr 1774 den Thron von Ludwig XV. als Ludwig XVI. [6] Im selben Jahr lernt die Königin auf einem Maskenball den gut aussehenden Graf von Fersen kennen. Die beiden werden ihr ganzes Leben lang ihre Liebe zueinander vor der Öffentlichkeit verstecken müssen. [7] Inzwischen besteht das Leben der Königin aus einem einzigen Rausch aus Vergnügungen wie das Glückspiel, das Theater, die Opern, Kleider und Frisuren. Die Königin wird zu dem Dreh- und Angelpunkt der Modewelt. *„Was sie trägt, wird Mode."*[8]

Erst sieben Jahre nach der Hochzeit - Maria Theresia sieht die nicht vollzogene Hochzeitsnacht als *„persönliche[s] Versagen Marie Antoinettes"*[1] - kommt es nach einer Unterredung zwischen Marie Antoinettes Bruder Joseph II. mit dem Ehepaar zum Vollzug der Ehe. [9] In den folgenden Jahren gebärt die Königin ihrem Gemahl insgesamt vier Kinder. [10]

---

[1] Vgl. Cronin, Vincent. *Ludwig XVI und Marie Antoinette. Eine Biographie.* S.54
[2] Cronin, Vincent. *Ludwig XVI und Marie Antoinette. Eine Biographie.* S.55
[3] Vgl. Fraser, Antonia. *Marie Antoinette. Biographie.* S.47
[4] Vgl. Zweig, Stefan. *Marie Antoinette.* Frankfurt am Main: S. Fischer, 2007. S.38
[5] Sievers, Sara. „Die letzten Tage von Marie Antoinette". S.16/19
[6] Vgl. Fraser, Antonia. *Marie Antoinette. Biographie.* S.60
[7] Vgl. Zweig, Stefan. *Marie Antoinette.* S.278 & 288
[8] Sievers, Sara. „Die letzten Tage von Marie Antoinette". S.20
[9] Vgl. Fraser, Antonia. *Marie Antoinette. Biographie.* S.84
[10] Vgl. Sievers, Sara. „Die letzten Tage von Marie Antoinette". S.17

Die Stimmung des Volkes den absolutistischen Herrschern gegenüber verschlechtert sich zunehmend aufgrund von hohen Steuern, dem ungerechten Drei-Stände-System und durch Missernten. [1] In der französischen Revolution bringt das Volk die angestaute Unzufriedenheit zum Ausdruck unter anderem in Form von Schmähschriften gegen den Hof von Versailles. [2] Vor allem Marie Antoinette als Ausländerin wird zum Sündenbock der Nation. Im Zuge dessen fordert das Volk die Hinrichtung ihres Königs. [3] Tatsächlich stirbt Ludwig XVI. am 21. Januar unter der Guillotine. Auch Marie Antoinette wird nicht verschont. Ohne Beweismaterial wird sie von dem Revolutionstribunal einstimmig zum Tode verurteilt. [4] Am 16. Oktober findet Marie Antoinette den Tod unter der Guillotine.

3.2 Schwerpunkte des Films

Um den Film quantitativ zu analysieren, ist es notwendig, die Länge der verschiedenen Lebensabschnitte der historischen Person Marie Antoinettes im Film zu stoppen und dann in Beziehung mit der Gesamtlänge des Filmes zu bringen (vgl. Abb.1).

Station in Marie Antoinettes Leben	Stellen-angaben	ungefähre Lauflänge	Länge prozentual zur tatsächlichen Lauflänge	Kommentar
Kindheit	00:01:04 – 00:01:18	14 s	0,2 %	Nur die Vorbereitungen für die Abreise nach Versailles
Verlassen Österreichs und Heirat Ludwig XVI	00:02:25 – 00:21:48	19½ min	17,5 %	Von Abreise aus Österreich bis Segnung im Ehebett

[1] Vgl. Siever, Sara. „Die letzten Tage von Marie Antoinette". S.19
[2] Vgl. Fraser, Antonia. *Marie Antoinette. Biographie.* S.122
[3] Vgl. Cronin, Vincent. *Ludwig XVI und Marie Antoinette. Eine Biographie.* S.409
[4] Vgl. Granec, Laurence & Ménard, Karine. *Marie Antoinette.* S.20

Leben am Hof	00:21:49 – 01:02:08 01:05:30 – 01:35:00 01:36:36 – 01:42:01	77 min	69,3 %	Mit Alltag, Freundschaften, Festen, Ehe, Kinder
Marie Antoinette als Königin	01:04:08 – 01:05:30 01:35:00 – 01:36:36	3 min	2,7 %	Nur Krönung und Anzeichen für die französische Revolution (Spottschrift)
Gefangen- schaft & Tod	01:42:00 – 01:51:10	9 min	8,1 %	Verlassen Versailles, dann schwarzer Bildschirm, dann Marie Antoinettes Schlafgemach zerstört

Abb.1: Quantitative Untersuchung des Filmes

Zwar beträgt die Gesamtlänge des Filmes 123 Minuten, jedoch ohne Abspann beträgt die tatsächliche Lauflänge nur 111 Minuten. Bei der Angabe der Länge prozentual zur Lauflänge wird somit nur die tatsächliche Lauflänge berücksichtigt. Die Prozentangaben sind abbrechend angegeben. Die verbleibenden 2,2% resultieren aus den für die Person Marie Antoinettes bedeutungslosen Szenen.

Auf Marie Antoinettes Kindheit wird im Film nicht näher eingegangen. Es werden nur kurz (14s lang) die Vorbereitungen des Kindes auf das Leben am Hofe von Versailles gezeigt. Dagegen wird deutlich, dass der Film von Sofia Coppola das Verlassen Österreichs und die Hochzeit mit Louis Auguste hervorheben soll. Damit wird der Beginn eines neuen Lebens in Versailles verdeutlicht. Diesem Teil wird nämlich ungefähr ein Sechstel der tatsächlichen Filmlänge bemessen, obgleich die Echtzeit nur 26 Tage in den 37 Jahren von Antoinettes Leben beträgt. Viel Wert wird auch auf das Leben am Hofe gelegt. Allein dieser Teil macht ein Drittel der tatsächlichen Filmlänge aus. Erstaunlich ist, wie wenig Marie Antoinette politisch gezeigt wird, obwohl sie doch eine Königin ist. Dies resultiert daraus, dass Marie Antoinette am Anfang ihres Lebens an politischen Dingen kein Interesse zeigt und ihr zusätzlich von ihrer Mutter eingetrichtert wird, sie solle sich nicht in politische Dinge einmischen. Die französische Revolution wird daher nur als Randnotiz bemerkt. Die Gefangenschaft Marie Antoinettes sowie ihre kluge Verteidigungsrede vor dem Revolutionstribunal werden gänzlich weggelassen. Für den Tod Marie Antoinettes unter der Guillotine werden deutliche Hinweise dargelegt. Obgleich der durchschnittliche Normalbürger von heute über die Person Marie Antoinettes größtenteils weiß, dass sie die letzte französische Königin gewesen ist und dass sie während der französischen Revolution guillotiniert wurde, geht Sofia Coppola genau auf diese Aspekte nur oberflächlich ein. Auf der anderen Seite gelingt ihr damit eine ganz andere Sicht auf die Person Marie Antoinettes. Der Schwerpunkt des Films liegt auf den charakterlichen Eigenschaften Antoinettes und die Hintergründe ihres Handelns. Sofia Coppola selbst sagt über ihre filmischen Absichten:

> „Der politische Kontext ist präsent, wenn auch nur unter unterschwellig. [...] Ich habe beschlossen diese Interpretationslinie einer von der Außenwelt abgeschotteten Art Blase, in welcher sie lebte, beizubehalten. Das ist ein sehr intimer Ansatz und auf einer wirklich persönlichen Ebene. "[1]

4. Person und Charakter Marie Antoinettes

4.1 Äußeres Erscheinungsbild

Berichten zufolge besitzt die Österreicherin einen leicht verschleierten Blick aus großen blau-grauen Augen. [2] Ihr schönes, dichtes, aschblondes Haar kontrastiert angenehm zu ihrem rosigen Teint, obwohl sie ansonsten eine „Haut, durchscheinend wie Porzellan"[3] besitzt. Der unregelmäßige Haaransatz und die „hohe Stirn [...] entsprechen nicht der Mode der Zeit"[6]. Bezeichnend ist ihr „übermütiger Mund, der auf das kindlichste zu lachen, auf anmutigste Weise zu schmollen versteht."[4] Sie besitzt eine schlanke, zierliche Figur. Während die 15-jährige im Alltag in der steifen Gesellschaft Versailles „kindlich unbefangen" [5] herumtollt, bewegt sie sich bei Anlässen tadellos: Sie schreitet graziös mit einem sicheren, aufrechten und stolzen Gang, zudem beherrscht sie einen würdevollen Tanzstil. [6] Am Hof von

---

[1] Granec, Laurence & Ménard, Karine. *Marie Antoinette.* S.3 [übersetzt von mir, F.V.]
[2] Vgl. Fraser, Antonia. *Marie Antoinette. Biographie.* S.22 & S.23
[3] Haslip, Joan. *Marie Antoinette. Ein tragisches Leben in stürmischer Zeit.* S.22
[4] Zweig, Stefan. *Marie Antoinette.* S.50
[5] Zweig, Stefan. *Marie Antoinette.* S.50
[6] Vgl. Zweig, Stefan. *Marie Antoinette.* S.50

Versailles passt sie sich dem damaligen Modestil an, auf ihre Backen „*große knallrote Kreise*"[1] mit Rouge zu malen, welche nicht besonders schön aussehen, aber am französischen Hof ein „*Abzeichen des Rangs und der Vornehmheit*"[2] sind.

Die Regisseurin Sofia Coppola wählt Kirsten Dunst für die Hauptrolle ihres Filmes, da diese Marie Antoinette als „*ein reizendes, unterhaltsames, verspieltes junges Mädchen*"[3] interpretiert. Zudem gleicht Kirstens Aussehen[4] dem der historischen Person in der blonden Haarfarbe, den roten Backen, der blauen Augenfarbe und der zierlich, schmalen Gestalt. Anders als bei der historischen Person ist die Stirn von Kirsten Dunst weder hoch noch mit unregelmäßigem Haaransatz gesäumt. Auch die Haut wirkt nicht porzellanartig blass, sondern sogar etwas gebräunt. Der Zahnpflege wird zu damaliger Zeit kaum Bedeutung zugemessen. Aufgrund dieser Missachtung sahen die Zähne zu dieser Zeit nicht weiß und gepflegt aus wie bei Kirsten, sondern waren verfaulte Stummel. Kirstens Mund ist so gar kein Schmollmund, ihr Lächeln aber trotzdem sehr sympathisch. Während Kirsten als Marie Antoinette bei ihrer Ankunft am Pavillon zur Übergabe[5] sehr locker und freundlich auftritt, nimmt sie bei ihrer Hochzeit[6] eine sehr würdevolle Haltung an. Die Lockerheit zeigt sich in der Art, wie Antoinette auftritt: nicht vollständig aufgerichtet, mit einem Hund im Arm. Dann umarmt sie sympathischerweise eine fremde Herzogin zur Begrüßung. Die Abwehr dieser Umarmung zeigt, dass dies nicht üblich ist in der steifen, französischen Gesellschaft. Sympathisch wirkt außerdem das neugierige Herumschauen in dem Pavillon der Übergabezeremonie. Marie Antoinette wird immer wieder in Nahaufnahme gezeigt, dass der Zuschauer sich gut in ihre Person einfühlen kann. Während Antoinette bei der Übergabezeremonie sehr locker auftritt, schreitet sie bei ihrer Hochzeit majestätisch mit geradem Rücken und erhoben Hauptes langsam die Gasse des eleganten Hofstaates entlang. Unterstützend wirkt die hoheitsvolle Musik. Mehrere Schnitte zeigen Marie Antoinette aus der Perspektive der umstehenden Personen im Saal.

---

[1] Fraser, Antonia. *Marie Antoinette. Biographie*. S.43
[2] Fraser, Antonia. *Marie Antoinette. Biographie*. S.41
[3] Granec, Laurence & Ménard, Karine. *Marie Antoinette*. S.5 [übersetzt von mir, F.V.]
[4] Coppola, Sofia. *Marie Antoinette*. Still 3min 7 & 1min 11
[5] Coppola, Sofia. *Marie Antoinette*. 6.- 7.min
[6] Coppola, Sofia. *Marie Antoinette*. 16.- 17.min

Hiermit wird noch einmal verdeutlicht, wie viele Leute die junge Braut bewundern.

4.2 Persönliche Beziehungen

4.2.1 Entwicklung des Verhältnisses zu Ludwig XVI.

Die anfängliche Beziehung des Thronfolgerpaars verläuft sehr schwierig. Marie Antoinette hat bei ihrer Hochzeit ihre Jungfräulichkeit nicht verloren und wird dies auch weitere sieben Jahre nicht, womit die Heirat annullierbar bleibt.[1] Marie Antoinette ist betroffen durch die Missachtung ihrer weiblichen Reize. Louis Auguste hingegen hegt gegen seine österreichische Frau Vorbehalte, da Österreich und Frankreich *„jahrhundertelang verfeindet"*[2] sind. Als er erkennt, dass Antoinette sich nicht für politische Dinge interessiert, weicht seine Befürchtung, seine Frau wolle nur in die Politik eingreifen.[3] Seine Zuneigung gewinnt Antoinette, als sie nach dem Miterleben des Todes von 600 Personen bei einem Feuerwerk in Tränen nach Versailles zurückkehrt.[4] Er verliebt sich in sie.

Nach dem Besuch Joseph II., welcher an beiden Eheleuten *„weise Ratschläge"*[5] erteilt, wird die Ehe sieben Jahre nach der Heirat vollzogen. In den folgenden Jahren gebärt die Königin ihrem Gemahl insgesamt vier Kinder.[6] Die Kinder und ihr gemeinsamer Sinn für Humor sind die Bindeglieder des völlig ungleichen Paares: Louis Auguste lebt zurückgezogen und ruhig.[7] Im Gegensatz dazu zeichnet Marie Antoinette die Spontaneität, Emotionalität und Geselligkeit aus. Obgleich Ludwig XVI. seine Gattin liebt,[8] empfindet sie *„nur eine aufrichtige Zuneigung"*[9] ihm gegenüber.

Ihre Ehe ist trotzdem eine glückliche. Stehen sich die beiden einander doch bis zu ihrem Tode tapfer bei, obwohl eine getrennte Flucht wahrscheinlich

[1] Vgl. Fraser, Antonia. *Marie Antoinette. Biographie.* S.47 & S.84
[2] Cronin, Vincent. *Ludwig XVI und Marie Antoinette. Eine Biographie.* S.54
[3] Vgl. Cronin, Vincent. *Ludwig XVI und Marie Antoinette. Eine Biographie.* S.68
[4] Vgl. Haslip, Joan. *Marie Antoinette. Ein tragisches Leben in stürmischer Zeit.* S.42
[5] Haslip, Joan. *Marie Antoinette. Ein tragisches Leben in stürmischer Zeit.* S.162
[6] Vgl. Sievers, Sara. „Die letzten Tage von Marie Antoinette". S.17
[7] Vgl. Cronin, Vincent. *Ludwig XVI und Marie Antoinette. Eine Biographie.* S.250
[8] Vgl. Cronin, Vincent. *Ludwig XVI und Marie Antoinette. Eine Biographie.* S.78
[9] Cronin, Vincent. *Ludwig XVI und Marie Antoinette. Eine Biographie.* S.250

beiden den Tod unter der Guillotine erspart hätte. Jedoch hätte die Familie im Ausland getrennt voneinander weiter leben müssen. [1]

In der Verfilmung tritt Louis Auguste bei dem ersten Treffen[2] des zukünftigen Paars mit unbewegtem Gesichtsausdruck auf. Damit fühlt man von Anfang an, dass sich seine Ehefrau von ihm zurückgestoßen fühlt. Mit mehreren verschiedenen Szenen im Ehebett[3] des neuen Paares wird verdeutlicht, dass die Ehe unvollzogen bleibt. In jedem Ausschnitt wird das Geschehen mit denselben dunklen Lichtverhältnissen und aus derselben Kameraposition gefilmt. Damit wird dem Zuschauer sofort klar, dass Antoinettes wiederholte Bemühungen an Louis Auguste abprallen.

Beim Essen wird die Einstellung der beiden zueinander noch einmal verdeutlicht. Als Marie Antoinette ein Gespräch über das Hobby ihres Mannes beginnen möchte, wird sie von diesem wortkarg zurückgewiesen. Damit zeigt sich seine Voreingenommenheit ihr gegenüber. [4]

Das Verhältnis der beiden verbessert sich nicht wie in der Realität durch einen Tränenausbruch Antoinettes, sondern im normalen Umgang, wie zum Beispiel bei der vertrauten Verabschiedung Louis Augustes vor einem Jagdausflug.[5] Das Verliebtheitsstadium Louis Augustes wird durch einen liebevollen Seitenblick bei der Oper gezeigt. [6] Das bessere Auskommen miteinander schlägt sich auch im Ehebett nieder. So küssen die zwei sich dort erstmalig und umarmen sich. [7] Das erste Mal wird, wie in Echt nach den Besuch Joseph II., durch die Montage der Aktion dargestellt. Bei dieser wird eine Kussszene im Ehebett mit einem schwarzen Bildschirm und einem Stöhnen verknüpft. [8]

Marie Antoinettes Stärke zeigt sich darin, dass sie, obwohl die Berater des Königs der Königsfamilie anraten zu fliehen, darauf besteht, an der Seite ihres Gemahls zu bleiben. [9] Die beiden Eheleute halten Händchen und schauen sich mit bedeutungsschweren Blicken an. Als das Volk vor Versailles lautstark den Tod des Königspaars fordert, umarmen sich die

[1] Vgl. Cronin, Vincent. *Ludwig XVI und Marie Antoinette. Eine Biographie.* S.160
[2] Coppola, Sofia. *Marie Antoinette.* 11.min
[3] Coppola, Sofia. *Marie Antoinette.* 22.min & 29.min & 33.min & 41.min
[4] Coppola, Sofia. *Marie Antoinette.* 36.min
[5] Coppola, Sofia. *Marie Antoinette.* 44.min
[6] Coppola, Sofia. *Marie Antoinette.* 48.min
[7] Coppola, Sofia. *Marie Antoinette.* 50.- 51.min
[8] Coppola, Sofia. *Marie Antoinette.* 75.- 76.min
[9] Coppola, Sofia. *Marie Antoinette.* 103.min

beiden. Dann stellt sich Ludwig XVI. schützend vor Marie Antoinette und seine Kinder. [1] Im Film schweißt das gemeinsam Erlebte, die Revolution und ihre Kinder die beiden zusammen. Ein gemeinsamer Humor ist nicht feststellbar.

4.2.2 Die Rolle Maria Theresias in Marie Antoinettes Leben

Maria Theresia ist der wichtigste Bezugspunkt Marie Antoinettes aus ihrer Familie. Zwar sehen sie sich nach Antoinettes Hochzeit nie wieder, halten jedoch einen regelmäßigen Briefkontakt. [2] Mutter und Tochter schreiben über alles, was sie bewegt. Zusätzlich erhält die Kaiserin *„Berichte über das Verhalten ihrer Tochter"*[3] von dem österreichischen Botschafter, Graf von Mercy-Argenteau. Mercy bezahlt Spione, um Antoinette ununterbrochen zu überwachen. Durch diese Spionage ist die Mutter oft besser über das Geschehen am Versailler Hof informiert als die Tochter selbst. Diese Allwissenheit der Mutter ruft bei Marie ein Gefühl der Minderwertigkeit hervor. Eine weitere Folge der fehlenden Privatsphäre Marie Antoinettes ist, dass diese auffallend viel Kritik von ihrer Mutter vertragen muss. [4] Ihr größter Kritikpunkt ist die Unsicherheit der Stellung Marie Antoinettes am französischen Hofe, wenn diese keinen Thronfolger gebärt. Die viele Kritik löst mitunter Marie Antoinettes übertriebene Sucht nach Vergnügungen aus. Nach dem Tod Maria Theresias leidet ihrer Tochter nicht nur unter bodenloser Trauer, sondern auch noch an Schuldgefühlen, da sie meint, sie habe die Verstorbene enttäuscht. [5]

Die Worte Maria Theresias im Film, dass die Freundschaft zwischen Österreich und Frankreich mit einer Heirat gestärkt werden müsse[6], lässt Maria Theresia als eine dominante, nur auf ihre Machtstellung orientierte Mutter auftreten. Wie wichtig weiterhin Maria Theresia in Antoinettes Leben bleibt, merkt man in den häufigen Anweisungen von der Mutter in ihrem Briefwechsel[7]. Besondere Wirkung erzielt der Blick in den Spiegel[8], während

---

[1] Coppola, Sofia. *Marie Antoinette.* 106.min
[2] Vgl. Fraser, Antonia. *Marie Antoinette. Biographie.* S.45
[3] Fraser, Antonia. *Marie Antoinette. Biographie.* S.45
[4] Vgl. Haslip, Joan. *Marie Antoinette. Ein tragisches Leben in stürmischer Zeit.* S.65
[5] Vgl. Haslip, Joan. *Marie Antoinette. Ein tragisches Leben in stürmischer Zeit.* S.193
[6] Coppola, Sofia. *Marie Antoinette.* 2.min
[7] Coppola, Sofia. *Marie Antoinette.* 32.min & 36.- 37.min & 49.- 50.min
[8] Coppola, Sofia. *Marie Antoinette.* Still 33.min

ein Brief der Mutter vorgelesen wird. Es ist eine gezoomte Aufnahme aus der Halbtotalen in die nahe Einstellungsgröße zur Verdeutlichung der Gefühlsregungen. Aufgenommen wird es auf Augenhöhe, dass der Zuschauer sich in die Person einfühlen kann. Diese Perspektive zeigt zudem, dass Antoinette durch die Kritik der Mutter der ungeschminkten Wahrheit ins Gesicht schauen muss.

Die mütterliche Kontrolle wird dargestellt durch das Auftreten Mercys und Josephs II. als Maria Theresias Gesandte[1]. Doch die reale ständige Überwachung Antoinettes von Mercy und dessen Berichterstattung an die österreichische Kaiserin wird im Film nicht erwähnt.

Die Trauer über den Tod der Mutter wird deutlich, durch folgende Verbindung zweier Szenen. Die tote Maria Theresia[2] in der einen Szene, in der anderen Marie Antoinette[3]. In beiden Bildern jedoch läuten die Kirchenglocken und der Trauerbrief Marie Antoinettes wird vorgelesen. Im ersten Bild sieht man im dunklen Vordergrund die tote Kaiserin, während im Hintergrund Marie Antoinettes Bruder, Joseph II., an das hell erleuchtete Fenster tritt. Das beige leuchtende Fenster in der Mitte scheint durch den dunklen bis schwarzen Rand stark hervor. Bei dem zweiten Bild ist die Komposition genau umgekehrt. Zwar werden dieselben Farbtöne verwendet, doch ist das zweite Bild außen hell, beige und in der Mitte dunkel. Während man Joseph II. von hinten aus dem Fenster schauen sieht, wird Marie Antoinette von vorne aus dem Fenster herausschauend gezeigt. Der dominierende dunkle Eindruck der beiden Bilder, symbolisiert die Trauer der Geschwister. Marie Antoinettes schwarze mit dem Hintergrund fast verschwindende Trauerkleidung verstärkt diesen Eindruck zusätzlich. Es scheint, als wären sich die Geschwister trotz der Entfernung sehr nahe.

4.3 Vergnügungen und ihr Umgang mit Geld

Schon in ihrer Kindheit wird Marie Antoinette in die Welt der Vergnügungen eingeführt. Das Leben am österreichischen Hofe besteht aus vielen Festlichkeiten wie Konzerte, Opern, Bälle und gelegentliche Schlittenpartien

---

[1] Coppola, Sofia. *Marie Antoinette*. 43.min & 74.min
[2] Coppola, Sofia. *Marie Antoinette*. 97.min
[3] Coppola, Sofia. *Marie Antoinette*. still 97.min 9.s

im Winter. [1] Marie Antoinettes Erziehung lehrt sie die Kultur zu schätzen, jedoch keineswegs die Kosten solcher Vergnügungen nachzuvollziehen. Die Freude an solchen Vergnügungen legt sie auch am französischen Hof nicht ab. Zusätzlich entdeckt sie eine „Leidenschaft [...] für die verschiedenen Kartenspiele"[2]. So ist der sonntägliche Spieltisch der Königin bekannt für die langen Nächte und die hohen Einsätze.

Zwei Freundinnen Marie Antoinettes, welche Geld im Überfluss haben, „ermuntern ganz unabsichtlich"[3] Antoinette zu den modischen „Extravaganzen", wie zum Beispiel zu den turmhohen Frisuren. Diese Turmfrisuren werden erst durch Antoinette der neuste Modetrend. Nicht nur in den Frisuren revolutioniert sie die Modewelt. Ihre Modistin erfindet für die Königin sogar neue Farbtöne, wie das so genannte „bräunliche Purpur"[4]. „In" wird dieser Farbton für Männer wie Frauen. Billig war diese Ausgaben für die Kleidung der „Première dame" von Frankreich nicht.

Mit den Vergnügungen entflieht Marie Antoinette erst der Langeweile, dann ihren Problemen. Nachdem sie jedoch zum dritten Mal Mutter wird, verringern sich ihre Ausgaben wieder. Ganz von allein verzichtet sie nun auf die unnötigen Amüsements. [5]

In der Verfilmung findet das gewohnte Abendprogramm am Hofe mit Gesang, Billard und Kartenspiel statt. [6] Die musikalische Ader Antoinettes wird durch einen Opernbesuch hervorgehoben. Zur Verdeutlichung wird im Close up gezeigt, wie sie genießerisch den Kopf zur Musik hin- und herwiegt. [7]

Marie Antoinettes Vorliebe für Mode wird filmisch präsentiert durch eine Abfolge der Aufnahmen, meist Detailaufnahmen, von Fächern, Federn, Schmuck, neuen Kleidern, extravagante Frisuren, Schuhen, Stoffen und Bändern. [8] Der Kaufrausch wird im Film sogleich begründet durch eine Metaphorische Montage als Folge der ungesicherten Stellung und unbefriedigten Ehe Antoinettes. [9] Nachdem die Schwägerin Antoinettes ein

---

[1] Vgl. Fraser, Antonia. *Marie Antoinette. Biographie.* S.15
[2] Fraser, Antoinia. *Marie Antoinette. Biographie.* S.75
[3] Haslip, Joan. *Marie Antoinette. Ein tragisches Leben in stürmischer Zeit.* S.74
[4] Haslip, Joan. *Marie Antoinette. Ein tragisches Leben in stürmischer Zeit.* S.135
[5] Vgl. Zweig, Stefan. *Marie Antoinette.* S.178
[6] Coppola, Sofia. *Marie Antoinette.* 35.min f
[7] Coppola, Sofia. *Marie Antoinette.* still 46.min 32.s
[8] Coppola, Sofia. *Marie Antoinette.* 42.- 43.min & 52.- 56.min
[9] Coppola, Sofia. *Marie Antoinette.* 52.- 56.min

Kind gebärt, wird sich Antoinette ihrer unsicheren Stellung ohne Thronfolger endgültig bewusst. Daraufhin folgt die Szene der völlig unglücklichen Marie Antoinette. Die nächste Szene zeigt eine vierminütige Sequenz eines extremen Kaufrausches, dargestellt durch eine tempoerzeugende rhythmische Montage. Dabei werden verschiedene Detailaufnahmen von anderen neuen Schuhen, Fächern, Pokerchips usw. in immer schneller werdender Abfolge gezeigt. Die überflüssigen Ausgaben werden symbolhaft dargestellt durch das Einschenken von Sekt in mehrere Gläser ohne abzusetzen. Das Gefühl des Überflusses wird dem Zuschauer auch übermittelt, indem ein Hund gezeigt wird, welcher einen vollen, noch nicht angerührten Essensteller abschleckt. [1] Die Detailaufnahmen der stehengelassenen Essensreste[2] nach einem Fest in Verbindung mit der traurigen Musik, zeigen schlussendlich den negativen Beigeschmack eines solch maßlosen Ausgebens von Geld. Die Arbeit der Bediensteten, welche versuchen das Chaos zu ordnen, impliziert beim Zuschauer das Erkennen der negativen Folgen eines solchen Verhaltens.

4.4. Wirkung Marie Antoinettes auf das Volk

Marie Antoinette hat eine gewinnende Art, mit der sie es schafft, *„Menschen für sich einzunehmen"*[3]. Diese Charaktereigenschaft ist sehr bedeutend bis zum Ende ihres Lebens. Wichtig wird diese Eigenschaft bei der Balkonszene. Als eine rebellierende Meute lautstark den Tod der Königin fordert, tritt diese gefasst auf den Balkon. Nur durch ihr Auftreten werden nach und nach die geladenen, auf ihren Kopf gerichteten, Musketen gesenkt. [4] Schließlich ruft die Meute, welche zuvor Antoinettes Tod gefordert hat, ihr Hochrufe zu. Ein völliger Umschwung der Stimmung des Volkes, wie es wohl keine andere Person in der Geschichte geschafft hat.
Die Modewelt bewundert Marie Antoinette. Antoinettes Frisuren werden *„von jeder eleganten Frau, von London bis St. Petersburg, kopiert"*[5].
Jedoch gibt es auch Gegner des Königshauses, welche aus unterschiedlichen Motiven das Königshaus stürzen wollen. Einen

[1] Coppola, Sofia. *Marie Antoinette*. 42.min
[2] Coppola, Sofia. *Marie Antoinette*. 65.- 68.min
[3] Fraser, Antonia. *Marie Antoinette. Biographie*. S.23
[4] Vgl. Haslip, Joan. *Marie Antoinette. Ein tragisches Leben in stürmischer Zeit*. S.317
[5] Haslip, Joan. *Marie Antoinette. Ein tragisches Leben in stürmischer Zeit*. S.105

Sündenbock findet man in der Österreicherin, denn Österreich ist das alte Feindbild der Franzosen. Neu angefacht wird die Feindschaft durch den Krieg gegen Österreich. [1] Falsche Verleumdungen werden vor allem über Marie Antoinette verbreitet. [2] Die Spottschriften verbreiten sich jedoch erst dann, als das Volk aufgrund mehrerer Missernten Hunger erleidet. [3] Marie Antoinette wird verleumdet, über das hungernde Volk gesagt zu haben: „Wenn sie kein Brot haben, sollen sie doch Kuchen essen!". Mit dieser Falschaussage richtet sich der Hass des Volkes gegen die Königin. [4]

Im Film werden die Vorurteile der Franzosen den Österreichern gegenüber thematisiert durch den Ausspruch einer Französin bei der Ankunft Marie Antoinettes: „Du magst hoffentlich Apfelstrudel." [5] Umgekehrt zeigt sich die Achtung des Volkes Marie Antoinettes in der Oper. Obwohl es eigentlich bei Hofaufführungen verboten ist zu applaudieren, fängt der ganze Saal nach Aufforderung Antoinettes an mitzuklatschen. [6] Die machtvolle Position Antoinettes zeigt sich, indem aus der Froschperspektive heraus gefilmt wird[7]. Die Spottschriften[8] werden im Film nicht unterschlagen. Beispielsweise werden über das Portrait Marie Antoinettes verschiedene Sprüche geschrieben, wie zum Beispiel der Spruch „Schulden-Königin" als Anspielung auf ihre unbedachten Ausgaben oder die Worte „Treibt Frankreich in den Ruin". Genauso wird der berühmte, jedoch unwahre Ausspruch Antoinettes zum hungernden Volk: „Sollen sie doch Kuchen essen."[9] gezeigt. Im Film sagt Antoinette zu diesen Verleumdungen nur, sie nehme diese einfach nicht zur Kenntnis. Die negative Stimmung des Volkes Antoinettes gegenüber spiegelt sich in der Wiederholung der Opernszene wieder[10]: Wieder applaudiert Marie Antoinette nach der Oper, doch dieses Mal stimmt keiner in ihren Applaus mit ein, sondern alle Zuschauer schauen sie nur mit strafenden Blicken an.

---

[1] Vgl. Granec, Laurence & Ménard, Karine. *Marie Antoinette.* S.20
[2] Vgl. Fraser, Antonia. *Marie Antoinette. Biographie.* S.122
[3] Vgl. Sievers, Sara. „Die letzten Tage von Marie Antoinette". S.19
[4] Vgl. Haslip, Joan. *Marie Antoinette. Ein tragisches Leben in stürmischer Zeit.* S.265
[5] Coppola, Sofia. *Marie Antoinette.* 11.min
[6] Coppola, Sofia. *Marie Antoinette.* 48.min
[7] Coppola, Sofia. *Marie Antoinette.* still 48.min 29.s
[8] Coppola, Sofia. *Marie Antoinette.* 98.min 17.- 23.s
[9] Coppola, Sofia. *Marie Antoinette.* 95.- 96.min
[10] Coppola, Sofia. *Marie Antoinette.* 99.min

Wichtig ist die Balkonszene[1], bei welcher Antoinette, während das Volk unter dem Balkon steht und ihren Tod fordert, hinaustritt. Die unheimliche, gefährliche Stimmung wird verdeutlicht durch die Dunkelheit und das Flackern der Fackeln. Beeindruckt durch ihren Mut und ihre Eleganz wird das Volk still. Im Film verbeugt sie sich vor dem Volk, doch in Wirklichkeit tritt sie nicht als Bittstellerin auf, sondern wie ein Soldat, entschlossen *„ohne Wimpernzucken zu sterben"*[2]. Der in Froschperspektive gefilmte Ausschnitt[3], der Marie Antoinette auf dem Balkon und unter ihr die brennenden Fackeln zeigt, macht die Heldenhaftigkeit Antoinettes Hinaustreten deutlich. Daraufhin ruft ihr das Volk „À Paris!" zu und nicht wie in Wirklichkeit „Vive la Reine!" Hier erkennt man, dass Sofia Coppola nicht die Tapferkeit Antoinettes hervorheben will, sondern klar machen möchte, dass Antoinette unrechtmäßig zu Tode verurteilt wird. Ihr Tod wird als Intellektuelle Montage dargestellt: Auf den Fluchtversuch der Königsfamilie folgt das Bild des zerstörten Zimmers Marie Antoinettes[4]. Der Zusammenhang wird erst durch das Wissen der Hinrichtung des Königspaars erschlossen.

5. Persönliche Stellungnahme zu Marie Antoinette und ihrer Darstellung im Film

Aufgrund der vorgestellten Analyse kann die eingangs gestellte Frage nach der Historizität und der Schwerpunktsetzung im Film Marie Antoinette von Sofia Coppola wie folgt beantwortet werden. In dem Film Marie Antoinette von Sofia Coppola werden nicht nur die geschichtlichen Ereignisse dokumentiert. Wirklichkeitsgetreu werden Kleider, Rituale und der Tagesablauf abgebildet ohne zu dokumentarisch zu sein. Sofia Coppola selbst sagt dazu:

> *„Als die Dreharbeiten anfingen, war meine größte Angst eine historische Verfilmung zu verwirklichen, die kalt und trocken ist."*[5]

Der Schwerpunkt des Filmes liegt jedoch auf dem Charakter Marie Antoinettes. Primär werden die Hintergründe ihres Handels beleuchtet. Nicht „was" Marie Antoinette getan hat, sondern „weshalb" sie so gehandelt hat,

---

[1] Coppola, Sofia. *Marie Antoinette.* 107.-108.min
[2] Zweig, Stefan. *Marie Antoinette.* S.319
[3] Coppola, Sofia. *Marie Antoinette.* 107.min 50.s
[4] Coppola, Sofia. *Marie Antoinette.* Still 110.min 58.s
[5] Granec, Laurence & Ménard, Karine. *Marie Antoinette.* S.3 [übersetzt von mir, F.V.]

steht in diesem Film im Vordergrund. Schwerpunktmäßig beschäftigt sich der Film mit der Frage, wie es zu dieser Vergnügungssucht der Königin kommt. Leider tritt dabei die Wandlung Marie Antoinettes am Ende ihres Lebens in den Hintergrund. Die historische Marie Antoinette wendet sich von den Amüsements ab und beginnt Geld zu sparen. Als Königin leitet sie für ihren Mann die Regierungsgeschäfte. Vor dem Revolutionstribunal hält sie eine intelligente und mitreißende Verteidigungsrede. So kann ihr das Tribunal keine Schuld nachweisen und trotzdem wird sie einstimmig zum Tode verurteilt. Diese Veränderung von der gedankenlosen, „small-talks" haltenden Marie Antoinette zu einer politischen Person, die diplomatische Verteidigungsreden schwingt, ist gewaltig. Beeindruckend ist, wie mutig und würdevoll sie in den Tod geht. Dies tritt bei der Darstellung Antoinettes im Film in den Hintergrund. Die Leistung des Film kann darin gesehen werden, dass er Marie Antoinette nicht mit Vorurteilen begegnet, wie dem ihr fälschlicherweise zugeschriebenen Ausspruch „Wenn sie kein Brot haben, sollen sie doch Kuchen essen!", sondern dass der wahre Charakter Antoinettes einfühlsam dargestellt wird.

6. Quellenverzeichnis

6.1 Literaturverzeichnis

Coppola, Sofia [Regie]/ Coppola, Sofia & Katz, Ross & Coppola, Francis Ford [Produktion]. *Marie Antoinette.* DVD, 123 Min., USA: Columbia Pictures, 2006.

Cronin, Vincent. *Ludwig XVI und Marie Antoinette. Eine Biographie.* Hildesheim: Claassen, 1993.

Fraser, Antonia. *Marie Antoinette. Biographie.* München: Deutsche Verlags Anstalt, 2006.

Granec, Laurence & Ménard, Karine. *Marie Antoinette.* (Presseinforation mit Interview von Sofia Coppola zur Filmpremiere am 24.Mai 2006). [http://www.festival-cannes.fr/assets/Image/Direct/016496.pdf, abgerufen am 24.03.13]

Haslip, Joan. *Marie Antoinette. Ein tragisches Leben in stürmischer Zeit.* München: Piper, 1998.

Sievers, Sara: „Die letzten Tage von Marie Antoinette". *In: P.M. History* 2012, H.10 S.14-25.

Zweig, Stefan. *Marie Antoinette.* Frankfurt am Main: S. Fischer, 2007.